Das Collagenbuch
für kleine Künstler

Das Collagenbuch

für kleine Künstler

Andrea Wegener

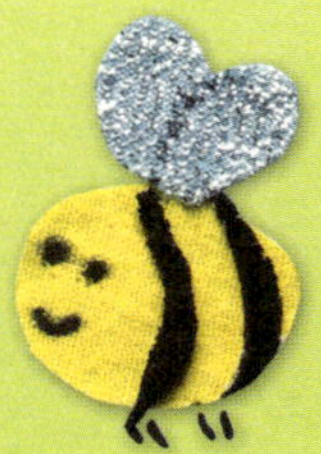

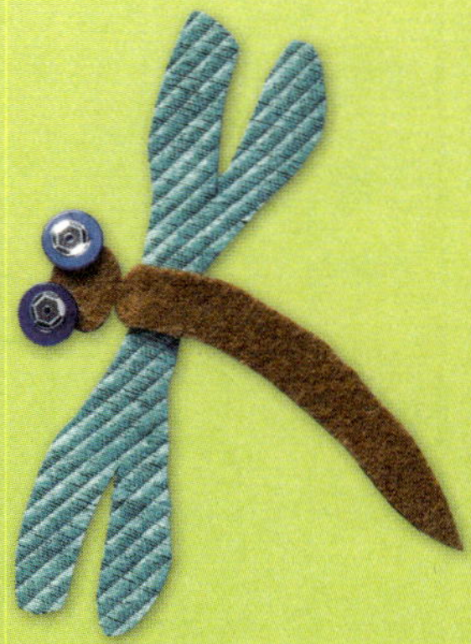

Das Collagen-buch

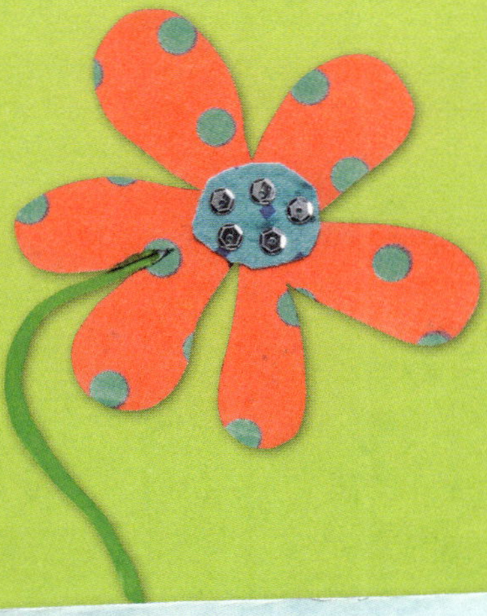

für kleine Künstler

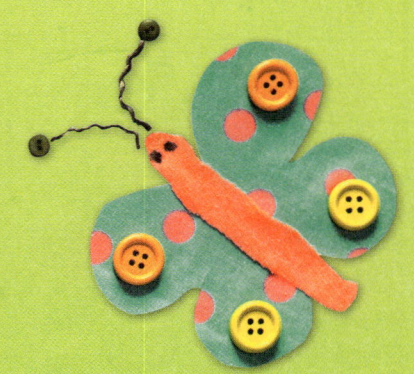

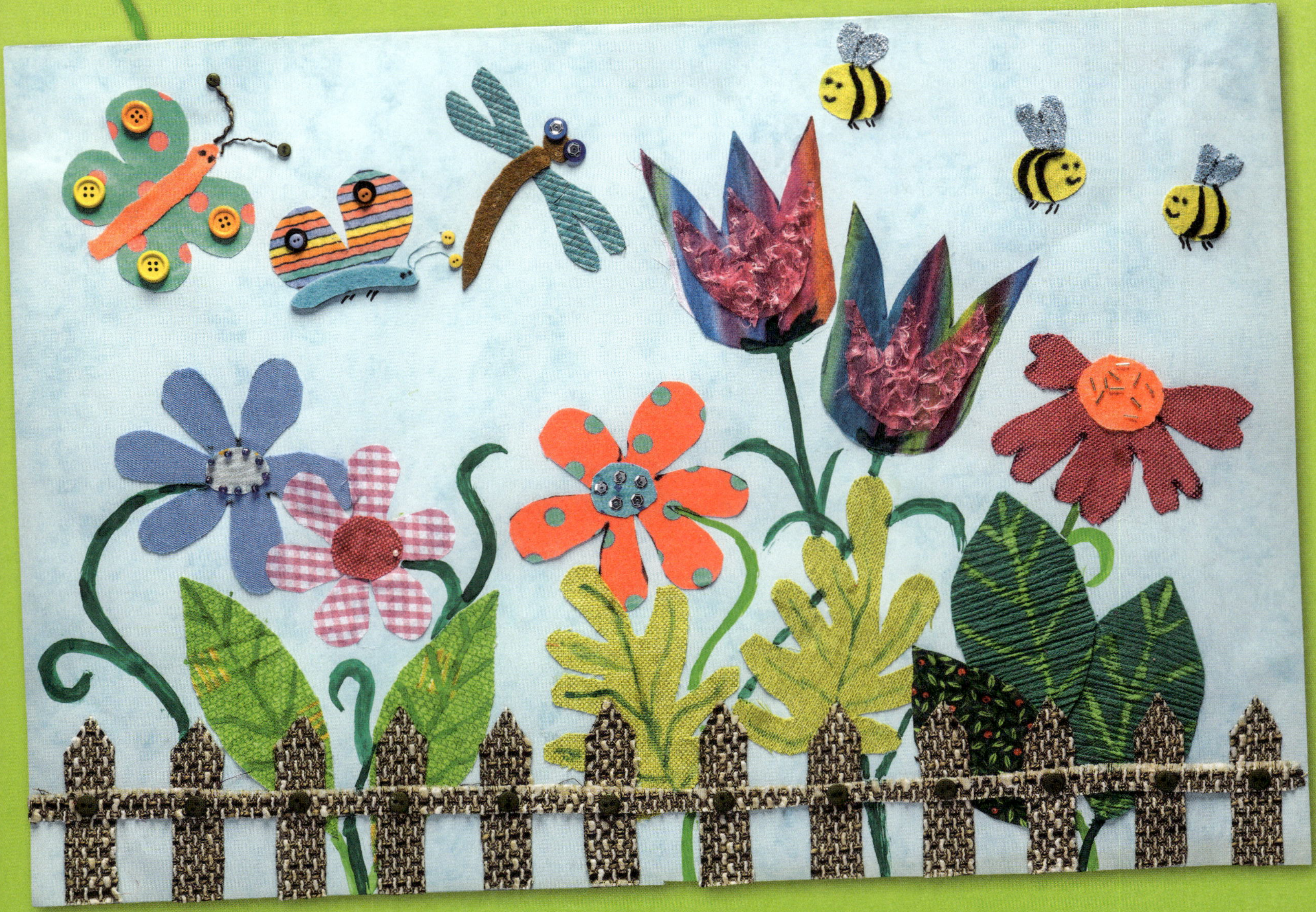

CV

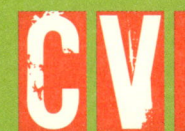

Andrea Wegener studierte Sonderpädagogik an der Erziehungswissenschaftlichen Hochschule in Landau und Mainz. Sie ist Mutter von sieben Kindern und Großmutter von vier Enkeln.
1998 gründete sie zusammen mit ihrem Mann das Interaktions-Museum für Kinder „Abenteuer-Land der Sinne" in Taunusstein und leitet bis heute das erfolgreiche Familienunternehmen mit angeschlossener Kreativ-Werkstatt und naturpädagogischen Schwerpunkten.
Neben zahlreichen Workshops organisiert sie Kinder-Kulturtage, kreative Ferienspiele und andere abenteuerliche Events für Kids.
www.abenteuerland-taunusstein.de

Vielen Dank an Maya Sutina und Ophelia Kopp für die tolle Unterstützung bei den Fotoarbeiten.

Autorin: Andrea Wegener
Fotos: © Frank Schuppelius
Projektmanagement und Lektorat: Tina Bungeroth
Layout und Litho: Michael Feuerer
Druck und Bindung: Neografia, Slowakei

ISBN: 978-3-86230-313-7
Art.-Nr. 30313
© 2015 Christophorus Verlag GmbH & Co. KG, Freiburg
Alle Rechte vorbehalten

Inhaltsverzeichnis

Liebe Kinder,

dieses Buch steckt voller kreativer Ideen. Von **A** wie Autoschlange bis **Z** wie Zebra findest du jede Menge spannender Vorschläge, die dich inspirieren werden, deine eigenen Ideen in ähnlicher Weise umzusetzen. Papiere, Farben und Motive kannst du nach Belieben abwandeln oder ersetzen. Hier erfährst du, wie du Papier mit Murmelmuster herstellen kannst oder mit Tee einfärbst. Du lernst, mit Luftpolsterfolie eine Krokodilhaut zu drucken, Tierfellmuster mit Kartoffeln zu stempeln und zahlreiche andere interessante Techniken.

Wenn du deine ausgeschnittenen Teile als fantasievolle Collage zusammenfügst, erhältst du ein individuelles Kunstwerk, das deine Freunde und deine Familie begeistern wird.

Viel Spaß beim Schneiden, Schnippeln und Kleben!

Andrea Wegener

Schnippeln, Kleben und Malen – so geht's

Was du alles gebrauchen kannst

Die Materialien, die du für die Collagen brauchst, kannst du in jedem Bastel- oder Schreibwarenladen preisgünstig kaufen, wie Scheren, Kleber, Stifte und Farben.

Bastelkiste

Für die Collagen in diesem Buch benötigst du meist nur kleine Mengen an Papieren. Hier ist eine Bastelkiste sehr praktisch. Immer, wenn dir ein interessantes Stück Papier in die Hände fällt, legst du es in die Kiste. So kannst du viele verschiedene Papiersorten sammeln: bunte Geschenkpapiere, strukturierte Tapeten, farbige Zeitschriften und hübsche Servietten, aber auch gereinigte Aluminium-Deckel (z. B. von Joghurtbechern), glänzende Bonbonpapierchen und Werbeprospekte für Textilien, Lebensmittel oder Reiseziele. So bist du immer bastelbereit und kannst gleich loslegen!

Pappe

Als Hinter- und Untergrund für deine Collagen benötigst du immer eine etwas festere Pappe. Wenn du nur wenige Motive und leichtes Papier aufkleben willst, genügt auch ein **Tonkarton.** Wenn du viele Objekte oder schweres Papier verwendest, brauchst du als Untergrund **Fotokarton** oder festen **Recycling-Karton.** Fotokarton kannst du im Bastel- oder Schreibwarenladen kaufen, Recycling-Karton erhältst du, indem du aus einem großen Karton ein passendes Rechteck aus den Seiten oder dem Deckel ausschneidest.

TIPP
Frage im Supermarkt nach. Dort gibt es Verpackungskartons in kräftigen Farben, die dort meist in der Recycling-Tonne landen.

TIPP
Du kannst deine Collagen auch auf Keilrahmen kleben. Dann kannst du sie gleich aufhängen!

Papier

Tonpapier ist stabil und fest, lässt sich aber gut schneiden. Man erhält es in vielen Farben, oft als ganzen Papierblock.

Etwas dünner und sehr gut zum Schneiden, Falten und Kleben geeignet ist **Bunt-** und **Bastelpapier.**

Glanzpapier hat eine hohe Leuchtkraft und kräftige Farben. Es lässt sich sehr gut verarbeiten, ist oft auf der Rückseite gummiert und meistens in Packungen mit mehreren Farben erhältlich.

Transparentpapier ist durchsichtig und eignet sich deshalb gut für Collagen, die lichtdurchlässig sein sollen. Du kannst es in großen Einzelbögen oder als Sortiment im Bastelgeschäft erwerben.

Wellpappe gibt es sowohl in Braun als auch in vielen anderen Farben. Du kannst sie zum Verzieren, aber auch als Hintergrund verwenden.

Bei einigen Collagen brauchst du silberne **Aluminium-Folie** oder mit Aluminium beschichtetes Papier. Sammle dafür z. B. die Deckel von Joghurtbechern. Reinige die Folie gründlich und streiche sie glatt. Die Aluminium-Folie lässt sich prima schneiden und formen.

Schmirgelpapier hat eine sandige Oberfläche. Du kannst damit Steine und Erde, Sanddünen und Berge darstellen. Schmirgelpapier gibt es in verschiedenen Körnungen – von fein bis grob – und in verschiedenen Farben im Baumarkt.

Servietten gibt es in unzähligen Farben und Mustern. Du kannst Teile davon ausschneiden oder -reißen. Bevor du sie aufklebst, solltest du die beiden weißen Krepplagen auf der Rückseite entfernen. Oft wird bei Collagen **hautfarbenes Papier** benötigt. Dafür eignen sich hellbraune DIN A4-Briefumschläge, die du im Schreibwarengeschäft günstig kaufen kannst.

Andere Materialien

Zum Gestalten von Collagen eignet sich nicht nur Papier. Auch **fein-** oder **grobgewebte Stoffe,** wie **Filz, Jute** oder **Baumwolle,** lassen sich gut verarbeiten. Schneide sie mit einer scharfen Schere, damit das Gewebe nicht ausfranst. Stoffe kannst du in Bastel- oder Stoffgeschäften kaufen. Du kannst aber auch Stoffe z. B. von ausrangierten Kleidern verwenden. Von diesen kannst du auch die **Knöpfe** abtrennen und für deine Collagen verwenden. Federn, Muscheln, kleine Baumrinden-Stücke und andere **Dinge aus der Natur** lockern dein Kunstwerk auf und verleihen ihm Natürlichkeit. Sammle beim nächsten Spaziergang geeignete **Naturmaterialien.** **Klebepunkte** und **Lochverstärker** sind praktische Hilfsmittel beim Collagieren. Du kannst damit Autoreifen, Räder und Ringe gestalten. Sie sind in verschiedenen Größen und Farben in Schreibwarenläden erhältlich.

Zeichnen und Malen

Zum Zeichnen und Malen brauchst du gar nicht viel; das meiste hast du vielleicht auch schon zuhause: Einen **Bleistift** brauchst du, um Schablonen herzustellen oder die Umrisse eines Objektes vorzuzeichnen.

Mit **Buntstiften** kannst du farbige Details bei deinen Bildern ergänzen. Besonders schön kannst du auch mit **Filzstiften** malen. Mit ihnen kannst du Einzelheiten anzeichnen, aber auch Muster, Beschriftungen oder Umrandungen auf die geklebten Papiere aufzeichnen. Gesichter für die Figuren werden ebenfalls mit Filzstiften gezeichnet. Wenn du sehr dünne Linien haben willst, benutze einen **Fineliner.**

Permanent-Marker verwendest du beim Zeichnen auf Untergründen, auf denen Filz- oder Buntstifte nicht halten, z. B. auf Alufolie oder Glanzpapier. **Lackstifte** sind sehr farbintensiv. Weiße Lackstifte eignen sich, um Muster oder Linien auf dunkle Papiere zu zeichnen. Vor dem Benutzen müssen sie gut geschüttelt werden, um die Farbbestandteile zu mischen.

Bunte Tafelkreide eignet sich, um große Flächen einzufärben. Dazu streichst du mit der Breitseite der Kreide über die Bildfläche. Du kannst auch verschiedene Farben benutzen. Mit deinem Finger verreibst du das Kreidepulver und schüttelst die Reste dann ab. **Wachsmalstifte** finden ihre Verwendung, ähnlich wie Buntstifte, um farbige Einzelheiten zu ergänzen. Da ihre Malfläche breiter ist als die von Buntstiften, kann man sie bei größeren Flächen einsetzen. Bei einigen Bildern werden kleine Flächen mit **Wasserfarben** ausgemalt. Rühre die Farben, die du benötigst, mit wenig Wasser und einem **Pinsel** an. Wenn die Konsistenz cremig ist, kannst du die Farbe auf dein Bild malen.

TIPP
Wenn du eine Fläche mit Wasserfarbe ausmalst, beginnst du am besten oben, damit du die Farbe nicht mit deiner Hand verwischst.

Kleben und Schneiden

Kleben

Beim Gestalten von Collagen verwendet man meistens **flüssigen Kleber**. Man nennt ihn auch **Bastel-** oder **Alleskleber.** Achte darauf, dass er lösungsmittelfrei ist. Er sollte auch transparent sein, damit er keine sichtbaren Spuren auf dem Papier hinterlässt. Verwende alle Klebstoffe sparsam. Am besten lässt du sie über Nacht trocknen. Geklebte Teile, die dabei unter „Spannung" stehen, fixierst du mit einer Wäsche- oder Büroklammer.

TIPP

Bevor du deine Collageteile festklebst, ordne sie erst auf dem Untergrund an. So kannst du sie verschieben, bis dir alles gefällt.

Für größere Flächen verwendest du **Tapetenkleister,** den du zuvor genau nach der Anleitung angerührt hast. Zum Aufkleben bestreichst du die Papiere sowohl auf der Ober- als auch auf der Unterseite mit einem breiten Pinsel mit Kleister. Hier beträgt die Trockenzeit allerdings mehrere Stunden. Sollte sich die Unterlage danach gewellt haben, legst du einige schwere Bücher auf deine Collage. Nach einiger Zeit ist dein Bild wieder glatt.

Für glatte Papiere und kleinere Flächen eignen sich **Klebestifte.** Sie kleben schnell und dauerhaft und sind leicht zu handhaben.

Zum Kleben von festen Papierteilen eignen sich auch **Klebepads**. Sie haben eine Dicke von 1 mm bis 3 mm. Dadurch steht das geklebte Teil ein wenig vor und ein 3D-Effekt entsteht.

Viele Collageteile, z. B. feste Pappe, Glassteinchen, Muscheln etc., lassen sich sehr gut mit **Heißkleber** aus einer Heißklebepistole festkleben. Hierbei solltest du dir aber unbedingt von einem Erwachsenen helfen lassen, denn der Kleber wird sehr heiß, und du könntest dich verbrennen!

ACHTUNG

Lass dir beim Kleben mit der Heißklebepistole von einem Erwachsenen helfen!

Schneiden

Für gerade Schnitte bei Papier und Tonkarton eignen sich **Papier-** oder **Bastelscheren**.
Für dickere Papiere, Pappen und Stoffe brauchst du eine stabile **Metallschere.** Gehe vorsichtig damit um. Sie ist meist spitz und kann gefährlich sein. Wellenlinien, Rundungen und sehr kleine Teile schneidest du am besten mit einer gebogenen **Nagelschere** aus. Für einige Bilder benötigst du eine **Zackenschere**. Mit ihr kannst du interessante gezackte Kanten schneiden.
Bei manchen Bildern ist es sinnvoll, die Papiere oder Pappen mit einem **Cutter** zu schneiden. Lege dabei immer eine Schneidematte oder einen Stapel alter Zeitungen unter. Sei ganz vorsichtig! Schneide immer weg von der Hand, die das Papier festhält! Am besten bittest du einen Erwachsenen, dir zu helfen.

Reißen

Bei manchen Collagen werden einzelne Papierteile **gerissen.** Das kann natürlich und lebendig wirken. Wenn du beim Reißen ein Lineal anlegst, werden die Reißlinien sauber und gerade, wenn du die Linien eher ausgefranst haben möchtest, reiße die Papiere einfach zwischen den Händen.

Vorlagen

In diesem Buch gibt es viele Formen, bei denen es hilfreich ist, sie vor dem Ausschneiden vorzuzeichnen. Das gelingt dir sicher gut, außerdem ist es auch sehr schön, wenn deine Fee oder deine Rakete nicht ganz genauso aussieht wie die in diesem Buch. Wenn du sie aber genauso haben möchtest, kannst du einfach die Vorlagen ab S. 74 benutzen. Wir haben sie zum Teil verkleinert, damit sie ins Buch passen. Du kann sie kopieren, dabei auf Wunsch vergrößern und dann ausschneiden. Dann legst du sie auf das gewünschte Papier, umzeichnest sie mit einem Bleistift – und schon kannst du die Form ausschneiden.

Grundanleitung

In Afrika

Vorlage Afrika
Seite
75

DU BRAUCHST

- 🐯 Keilrahmen, 40 x 50 cm
- 🐯 Wasserfarben und Deckweiß
- 🐯 Acrylfarben in Blau, Hell- und Dunkelgrün
- 🐯 Filzstift in Schwarz
- 🐯 wasserfester Stift in Schwarz
- 🐯 Textilkleber, Bastelkleber
- 🐯 Tonpapiere in Hellblau, Dunkelgrün, Hellgrün, Beige, Rot und Weiß
- 🐯 Papierreste in Grün, Gelb, Weiß und Rot
- 🐯 Recyclingpapier oder Toilettenpapierrolle
- 🐯 gestreiftes Geschenkpapier
- 🐯 Zeitungspapier
- 🐯 Briefumschlag in Hellbraun
- 🐯 Alufolie, leere Joghurtbecher
- 🐯 Jute in Naturtönen, Dunkelbraun und Grün
- 🐯 Filzplatte in Grün
- 🐯 Stoffreste in verschiedenen Grüntönen
- 🐯 Stoff, naturfarben
- 🐯 Malven- oder Hibiskustee
- 🐯 Kartoffel
- 🐯 Karton mit Bodenfläche, DIN A4
- 🐯 5 Murmeln
- 🐯 Löffel, kleines Küchenmesser
- 🐯 Luftpolsterfolie, DIN A4
- 🐯 Strohhalm
- 🐯 breiter und mitteldicker Pinsel

Dieses Afrika-Bild zeigt dir zahlreiche unterschiedliche Techniken und Materialien, die bei den verschiedenen Collagen in diesem Buch verwendet werden. Wenn du bei dieser Grundanleitung mitgemacht hast, gelingen dir alle anderen Collagen in diesem Buch ganz leicht!

See aus Murmel-Musterpapier

DU BRAUCHST

🐱 Schuhkarton
🐱 Papier in Hellblau
🐱 Acrylfarbe in Blau
🐱 Deckweiß
🐱 5 Murmeln
🐱 kleines Gefäß
🐱 Löffel

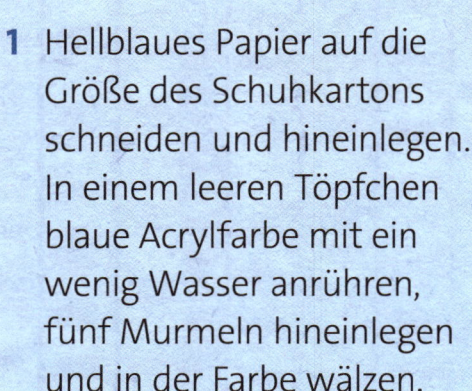

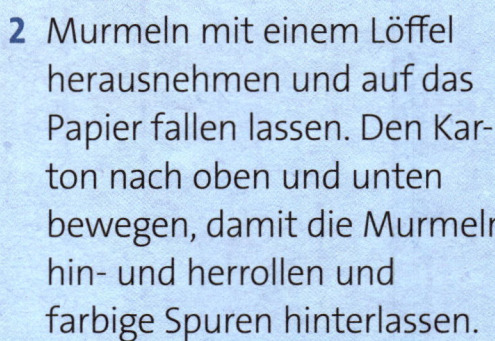

1 Hellblaues Papier auf die Größe des Schuhkartons schneiden und hineinlegen. In einem leeren Töpfchen blaue Acrylfarbe mit ein wenig Wasser anrühren, fünf Murmeln hineinlegen und in der Farbe wälzen.

2 Murmeln mit einem Löffel herausnehmen und auf das Papier fallen lassen. Den Karton nach oben und unten bewegen, damit die Murmeln hin- und herrollen und farbige Spuren hinterlassen.

3 Nach dem Trocknen Deckweiß mit etwas Wasser anrühren, Murmeln hineinlegen und wie oben beschrieben weiße Spuren auf das Papier rollen. Gut trocknen lassen und ein Oval für den See daraus schneiden.

Giraffen mit Kartoffeldruck-Muster

DU BRAUCHST

🐱 Papier in Beige
🐱 Kartoffel
🐱 kleines Küchenmesser
🐱 Wasserfarbe in Braun

1 Kartoffel halbieren, in die eine Hälfte ein Rechteck schnitzen.

2 Giraffen nach Vorlagebogen aus beigem Papier ausschneiden.

3 Schnittfläche des Rechtecks mit brauner Wasserfarbe bestreichen und Muster auf die Giraffe stempeln. Den Kartoffelstempel immer wieder mit Farbe bestreichen und stempeln.

Löwenmähne aus Pustefarben

1 Male mit gelber Wasserfarbe einen Löwen auf Zeichenpapier. Gut trocknen lassen und ausschneiden. Gelbe und orangene Wasserfarbe anrühren und einen großen Klecks auf ein Blatt Papier geben.

2 Mit einem Strohhalm die flüssige Farbe vorsichtig, dann kräftig in alle Richtungen pusten. Dazu das Blatt immer wieder drehen.

3 Alles gut trocknen lassen und die Mähne ausschneiden.

4 Kopf des Löwen abschneiden. Zottelige Mähne aus dem Pustebild auf den Hals des Löwen kleben und auf die Mähne den Kopf kleben. Mit schwarzem Filzstift Gesicht mit Schnurrhaaren zeichnen.

Zebras aus schwarz-weißem Musterpapier

Aus dem schwarz-weißen Papier ein großes und ein kleines Zebra ausschneiden.

TIPP

Falls du nur buntgemustertes Papier findest: Bitte einen Erwachsenen, dir das Papier schwarz-weiß zu fotokopieren.

Krokodile aus Luftpolster-Musterpapier

1 Luftpolsterfolie mit hellgrüner Acrylfarbe bestreichen.

2 Dunkelgrünes Tonpapier auf die Luftpolsterfolie pressen, abziehen und trocknen lassen.

3 Luftpolsterfolie mit dunkelgrüner Farbe bestreichen und hellgrünes Tonpapier daraufpressen. Nach dem Trocknen Krokodile daraufzeichnen und ausschneiden. Aus weißem Papier kleine, spitze Zähne ausschneiden und ins geöffnete Maul kleben.

DU BRAUCHST

- 🐱 Luftpolsterfolie, DIN A4
- 🐱 Tonpapiere in Hell- und Dunkelgrün
- 🐱 Acrylfarben in Hell- und Dunkelgrün
- 🐱 Papier in Weiß

Schlangen mit Mosaikmustern

1 Aus einfarbigem Papier zwei Schlangen ausschneiden.

2 Für das Rückenmuster aus Zeitungspapier oder Kalenderblättern mehrere gleiche Dreiecke schneiden.

3 Diese auf den Schlangenrücken kleben, sodass die Spitze einmal nach rechts und einmal nach links zeigt. Überstehendes Papier abschneiden. Dann eine gespaltene Zunge aus rotem Papier ankleben, Augen mit Filzstift malen.

DU BRAUCHST

- 🐱 Papier, einfarbig
- 🐱 Papier in Rot
- 🐱 Zeitungspapier oder Kalenderblätter

- Tonpapier in Rot
- Hibiskustee im Beutel
- Papierreste

Chamäleon aus Teefärbe-Papier

1 Tonpapier mit einem breiten Pinsel üppig mit Wasser bestreichen.

2 Teebeutel öffnen und kleine Teekrümel auf das feuchte Blatt streuen. Eventuell noch einmal mit ein paar Tropfen Wasser bespritzen. Nach dem Trocknen die Teekrümel abschütteln.

3 Aus dem gefärbten Papier ein Chamäleon ausschneiden. Ein großes Auge und eine lange, gekringelte Zunge aus Papierresten gestalten.

Figuren mit Zottelfrisur

DU BRAUCHST

- Briefumschlag in Hellbraun
- Stoff in Naturfarben
- dünner Filzstift

1 Aus einem hellbraunen Briefumschlag ein Männchen ausschneiden.

2 Kleider aus naturfarbenem Stoff gestalten. Haare und Bart mit einem dünnen Filzstift im Kritzel-Kratzel-Muster zeichnen. Gesicht ebenfalls mit Filzstift malen.

Baumstämme und Äste aus grobgewebten Stoffen

- 🐱 Jute oder grobgewebte Stoffe in Naturtönen

1 Baumstamm und Äste mit einer Stoffschere ausschneiden.

2 Den Kleber direkt auf den Hintergrund streichen, den Stoff darauflegen und leicht andrücken. Gut trocknen lassen.

Fische aus Aluminiumfolie

- 🐱 Aluminiumfolie (Deckel von Joghurt, Frischkäse, Bonbon- oder Pralinenpapierchen)
- 🐱 wasserfester Stift

1 Aludeckel gründlich reinigen und trocknen. Auf eine feste Unterlage legen und mit den Fingern glatt streichen.

2 Verschiedene Fischformen ausschneiden. Augen mit einem wasserfesten Stift aufmalen.

Elefanten aus Recyclingpapier

- 🐱 leere Toilettenpapierrolle oder Recyclingpapier
- 🐱 Papier in Weiß
- 🐱 Filzstift in Schwarz

Leere Toilettenpapierrolle aufschneiden und aufbiegen. Evtl. über Nacht mit einem dicken Buch beschweren. Elefanten daraufzeichnen und ausschneiden Mit einem schwarzen Filzstift Augen, Ohren und Schwanz anzeichnen und Stoßzähne aus weißem Papier ankleben.

Blätter und Pflanzen aus verschiedenen Stoffen

DU BRAUCHST

- verschiedene feinere Stoffe, z. B. in Grüntönen
- Jute in Grün
- Filzstift

1 Wähle für jede Pflanze einen eigenen Stoff aus. Aus den Stoffen mehrere Blätter der gleichen Form ausschneiden: längliche Blätter für Palmen, rundliche oder spitze Blätter für Laubbäume. Alle Blätter aufkleben.

2 Nach dem Trocknen Blattadern mit Filzstift aufmalen.

3 Filigrane Gräser aus Jute gestalten, indem du die Querfäden aus dem Gewebe zupfst.

Fertigstellung der Collage

1 Alle ausgeschnittenen Teile auf dem Hintergrund anordnen. Schiebe sie so lange hin und her, bis du mit ihren Positionen zufrieden bist.

2 Nacheinander alle Teile festkleben. Dazu Kleber auf die Rückseite streichen und die Teile fest auf den Hintergrund drücken.

3 Zum Schluss mit dem Filzstift alle fehlenden Teile ergänzen.

19

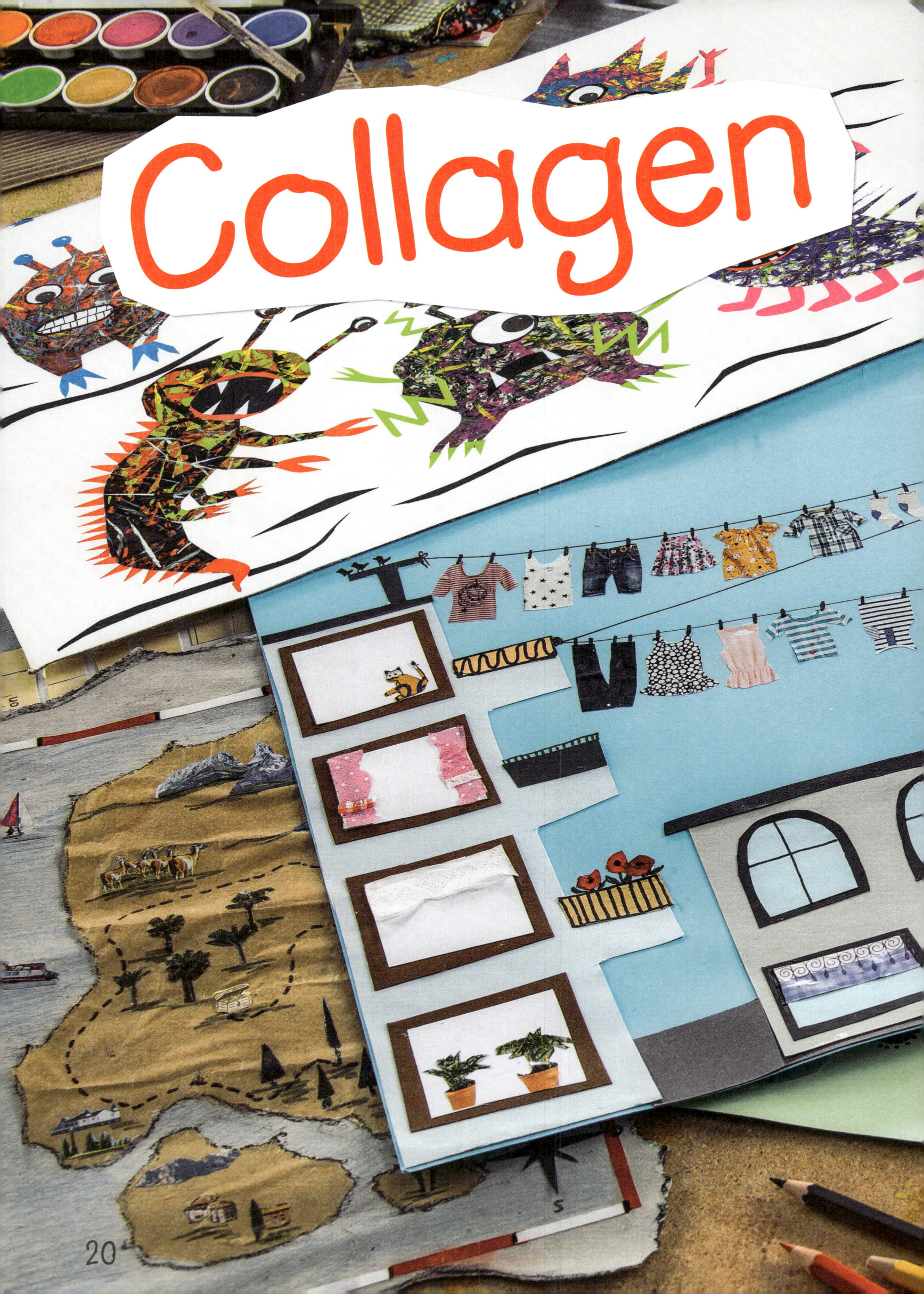

Collagen

bunt und einfallsreich

Farbklecks-Monster

TIPP

Betrachte mit deinen Freunden die Monsterschar. Welches Monster sieht am grässlichsten aus, welches am freundlichsten? Welches ist dein Lieblingsmonster?

SO GEHT'S

Mit Wasserfarben viele verschiedenfarbige Punkte auf das Tonpapier malen, etwa so groß wie eine Zwei-Euro-Münze. Farben gut trocknen lassen.

Für die **Augen** kleine Kreise auf das weiße Papier zeichnen. Du kannst z. B. Flaschendeckel oder Centstücke als Schablone nehmen. Kreise ausschneiden und an die Köpfe der Kugelmonster kleben. Einige kannst du als Stielaugen mit etwas Abstand vom Kopf platzieren. Manche Monster haben auch nur ein einziges Riesenauge.

TIPP

Die beiden Kreishälften kannst du auch als Hörner an den Kopf oder seitlich als Flügel an den Körper kleben.

Auf farbiges Papier Kreise vorzeichnen und ausschneiden. In der Mitte durchschneiden und z. B. als Sonnenbrille aufkleben. Diese dann mit schwarzem Filzstift umranden und zwei Bügel daran zeichnen.

TIPP

Kleine, spitze Zähne aus weißem Papier, die nach oben oder unten geklebt werden, lassen die Monster lustig-grässlich wirken.

Die **Münder** aus schwarzen Papierresten zuschneiden. Die Mundwinkel können mal nach oben, mal nach unten gezogen sein. Ein Mund im Zick-Zack-Muster sieht lustig aus.

Arme, Beine, Antennen und andere Details mit Filzstift an die Kugelmonster zeichnen. Zum Schluss mit einigen bunten Kreidestrichen den Boden andeuten, auf dem die kleinen Monster stehen.

DU BRAUCHST

- Tonpapier in Beige
- Zeichenpapier
- Papierreste in Weiß und bunten Farben
- Wasserfarben und Pinsel
- Filzstift in Schwarz
- Fineliner in Schwarz
- verschiedene Kreiden

Feentanz

Vorlage Feen
Seite
76

DU BRAUCHST

- Tonkarton in Pink, DIN A3
- Zeichenpapier in Weiß, DIN A4
- Transparentpapiere in Pink und Hellblau
- Servietten mit Rosen oder anderen Blümchen
- dünner Filzstift in Schwarz
- Buntstift in Rosa

SO GEHT'S

Aus pinkfarbenem Transparentpapier drei **Blütenröckchen** und drei schmale, zierliche Feen-Oberkörper ausschneiden und aufkleben.

Mit einem schwarzen Filzstift schlanke **Arme** und lange **Beine** zeichnen. Die spitzen Füße als Ballettschuhe schwarz ausmalen. Ein Zick-Zack-Muster für die Schnürbänder zeichnen.

Aus hellblauem Transparentpapier für jede Fee zwei **Flügelpaare** ausschneiden und aufkleben. Muster aus Kreisen und Punkten auf die Flügel malen.

Nun jeder Fee einen schmalen Hals und einen zierlichen, grazilen Kopf mit Pferdeschwanz zeichnen. Die Wangen mit einem rosa Buntstift andeuten.

TIPP

Statt Sterne kannst du auch Herzen oder Blümchen ausschneiden.

Aus pinkfarbenem Transparentpapier **Sterne** ausschneiden und zwischen die tanzenden Feen kleben.

Das gesamte Feenbild auf einen pinkfarbenen Tonkarton kleben. Achte darauf, dass es in der Mitte platziert ist.

Aus einer Serviette mit **Blümchenmuster** einzelne Blüten ausschneiden und rund um das Feenbild auf den Fotokarton kleben. Zum Schluss mit einem feinen Filzstift den Rahmen mit Schnörkeln, Kringeln und Punkten verzieren.

Autoschlange

SO GEHT'S

Mit dem Filzstift vier waagerechte Linien auf einen Bogen Tonpapier zeichnen. Für die **Straßen** mit dem Korrekturband-Roller weiße, ca. 2,5 cm lange Mittellinien ziehen. So entsteht eine unterbrochene Linie wie auf einer Landstraße.

Den zweiten und den vierten Streifen als Grünfläche gestalten: Streiche mit der Breitseite einer grünen Tafelkreide darüber.

Für die **Hochhäuser** im Hintergrund Wolkenkratzer und Türme auf Rechenpapier zeichnen und ausschneiden. Auf den oberen Streifen kleben. Dann Fenster, Türen und andere Details auf die Hochhäuser zeichnen.

Aus farbigem Glanzpapier Autoformen ausschneiden. Die **Autos** auf der einen Bahn fahren nach rechts, die auf der anderen Fahrbahn nach links.

TIPP

Gestalte jedes Auto anders: mit langem oder kurzem Heck, eckigem oder abgerundetem Dach oder mit einer Ladefläche.

Für die Autoreifen schwarze Klebepunkte, für die Felgen kleinere weiße Klebepunkte aufkleben. Aus weißem Papier Fensterscheiben und aus gelben Papierresten Halbkreise für die Scheinwerfer ausschneiden und aufkleben.

Zum Schluss mit einem schwarzen Filzstift Autotüren und andere Details zeichnen.

DU BRAUCHST

- Tonpapier in Grau
- Glanzpapiere in 8 verschiedenen Farben
- Rechenpapier, DIN A4
- Papierreste in Weiß und Gelb
- Korrekturband-Roller
- 16 Klebepunkte, ⌀ 2 cm, in Schwarz
- 16 Klebepunkte, ⌀ 1 cm, in Weiß
- Tafelkreide in Grün
- Filzstift in Schwarz

TIPP

Gestalte so ähnlich eine kleine Straßenkarte mit einem Auto. Schreibe auf die Rückseite „Gute Fahrt!" und hänge die Karte an den Innenspiegel eures Wagens. Deine Eltern werden sich freuen!

Ausflug ins Weltall

DU BRAUCHST

- ✳ feste Pappe in Schwarz
- ✳ 5 Aluminium-Deckel
  (z. B. von Frischkäse oder Margarine)
- ✳ Buntpapiere in Rot, Gelb, Weiß und Hellblau
- ✳ Lochstanzer
- ✳ Motivstanzer Stern
- ✳ Permanent-Marker in Schwarz
- ✳ Tafelkreiden in Gelb und Orange

Vorlage Weltall
Seite
78

TIPP

Klebe Raketen und Raumfahrzeuge auf Pappe, schneide sie aus und befestige sie an Fäden. Diese bindest du an einen Ast, den du in deinem Zimmer aufhängst. Bei jedem Windzug bewegt sich dein **Weltraum-Mobile**.

SO GEHT'S

Die gereinigten Aluminium-Deckel auf eine glatte Unterlage legen und glatt streichen. Darauf **Raketen** und **Raumkapseln** vorzeichnen und ausschneiden.

Auf die schwarze Pappe legen und festkleben. Aus den Resten der Aluminiumfolie **Düsen** und **Triebwerke** der Raketen und Raumkapseln machen.

Alle Raumfahrzeuge mit runden Fenstern, Streifen und anderen Ornamenten verzieren. Als **Schrauben** und **Schweißnähte** mit einem Permanent-Marker Punkte und gestrichelte Linien auf die Alufolie zeichnen.

Aus gelbem Buntpapier verschieden große Kreise ausschneiden und sie als **Planeten** und **Monde** auf die schwarze Pappe kleben. Aus weißem Papier ovale Ringe ausschneiden und um einige Planeten kleben.

Mit einem Motivstanzer **Sterne** ausstanzen und zwischen den Raumfahrzeugen und den Planeten aufkleben.

Mit gelber und orangefarbener Kreide an den Düsen der Raketen **Feuerschweife** aufmalen. Winzige Kreidepunkte auf der schwarzen Pappe stellen weit entfernte Sterne dar.

Roboter

SO GEHT'S

Mit der Breitseite der lilafarbenen Kreide über die gesamte Fläche des weißen Papiers streichen und das Kreidepulver gleichmäßig mit den Fingern verreiben. Das überschüssige Pulver abschütteln.

Aus den bunten Geschenkpapieren die Körper, Köpfe und Greifhände der **Roboter** ausschneiden und aufkleben. Alle Teile mit einem schwarzen Filzstift umranden.

Die Körperteile mit Filzstift verbinden und Hälse, **Arme** und **Beine** zeichnen. Die Innenflächen mit farblich passenden Wasserfarben ausmalen.

TIPP

Benutze beim Ausmalen nicht allzu viel Wasser, sonst läuft die Farbe über die Umrandung hinweg.

Als **Augen** Lochverstärker aufkleben. In die Mitte einen kleinen schwarzen Klebepunkt als Pupille platzieren.

Für die **Messanzeigen** der Roboter aus weißem Papier kleine Kreise oder Trapeze ausschneiden und aufkleben. Darauf z. B. eine gebogene Skala mit kleinen Strichen und einem langen Zeiger zeichnen.

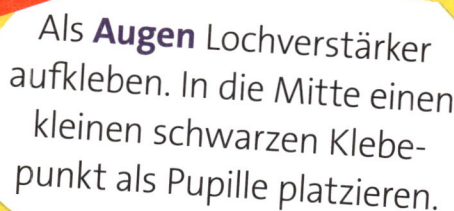

Für die **Kontrollleuchten** kleine lange Rechtecke aus weißem Papier schneiden und drei bunte Punkte hineinmalen.

Zum Schluss für die **Schweißnähte** und **Schrauben** mit dem Filzstift gestrichelte Linien oder Punkte zeichnen.

Hunde-
treffen

TIPP

Sehr lustig kann dein Bild
auch werden, wenn du für das Fell der
Hunde Muster nimmst, bei denen man
gar nicht an Hunde denkt. Stell' dir mal
einen Hund mit Blümchenmuster vor!
Oder probier es mal mit Kaninchen
oder anderen Tieren!

SO GEHT'S

Für das **Fell** der Hunde schwarz-weiße und braune Muster ausschneiden, z. B. aus Werbeprospekten. Du benötigst Körper, Hals und Kopf der Tiere, alle anderen Körperteile werden mit Filzstiften ergänzt.

TIPP

Wenn du keine schwarz-weißen Muster findest, kannst du auch z. B. Geschenkpapier mit dem Kopierer schwarz-weiß kopieren!

Mit einem Filzstift hängende oder stehende **Ohren**, dünne oder buschige **Schwänze** zeichnen. Die **Beine** an die Körper zeichnen und dabei dem Fellmuster anpassen. Sie können lang und schlank oder kurz und kräftig sein.

Für einige Hunde ein buntes **Halsband** ausschneiden. Manche Hunde lassen ihre Zunge heraushängen: mit Filzstift zeichnen und mit einem rosa Buntstift ausmalen. Augen und Nasenspitzen mit schwarzem Filzstift malen.

Aus bunten Papierresten **Hundehütten** mit spitzen Dächern und großen Türöffnungen ausschneiden und aufkleben. Mit schwarzem Filzstift die einzelnen Holzbretter der Hütten zeichnen.

TIPP

Denke dir Hundenamen aus und schreibe sie auf ein kleines Schild am Eingang der Hundehütte.

Zum Schluss mit schwarzen und braunen Buntstiften Striche zeichnen, um den Weg anzudeuten.

DU BRAUCHST

- Fotokarton in Grau
- Werbeprospekte mit Heimtextilien, wie Tischdecken, Bettwäsche oder Vorhänge
- bunte Papierreste
- Filzstifte in Schwarz und Braun
- Buntstifte in Schwarz, Braun und Rosa

Vorlage Hunde
Seite
78

Feuerspeiender Drache

DU BRAUCHST

- festen Karton in Weiß
- Karton in Grau, z. B. die Rückwand eines Zeichenblocks
- Bastelpapiere in Hellgrün, Dunkelgrün, Dunkelblau, Rot, Braun und Schwarz
- Aluminiumpapiere in Gold, Silber und Metallic-Rot
- Papierreste in Weiß, Gelb, Hellblau und Pink
- Kartoffel
- Messer
- Wasserfarben
- Luftpolsterfolie
- kleiner Pinsel, breiter Pinsel
- Filzstift in Schwarz
- 2 Federn in Blau und Rot

SO GEHT'S

Für den **Himmel** wässrige blaue Wasserfarbe anrühren und mit einem breiten Pinsel auftragen. Braune Farbe als Boden auf den unteren Teil des Bildes streichen. Trocknen lassen.

Aus grauem Karton eine **Ritterburg** mit Türmen, Mauern und Wehrgang ausschneiden. Das Mauermuster mit der Kartoffel aufdrucken.

Aus schwarzem Papier ein Tor und kleine Fenster für die Türme ausschneiden und aufkleben.

Für den **Drachen** Luftpolsterfolie mit dunkelgrüner Wasserfarbe bestreichen und auf das hellgrüne Papier drücken. Das dunkelgrüne Papier genauso mit gelbgrüner Farbe bedrucken.

Nach dem Trocknen aus dem Musterpapier den Drachen ausschneiden. Die Bauchunterseite des Drachens klebst du aus dem dunkelgrünen Musterpapier.

Vorlage Ritter+Drache Seite 79

Die Rückenzacken aus pinkfarbenem Papier, die Flammen aus dem Maul des Drachen aus goldfarbenem Aluminiumpapier ausschneiden.

Aus blauem und braunem Papier die Ritter und aus silbernem Aluminium-papier die Helme, Rüstungen und Schwerter ausschneiden. Je eine bunte Feder an einen Helm kleben.

Aus den Resten des grün bedruckten Drachen-Papiers die Grasbüschel ausschneiden und zum Schluss mit einem Filzstift die Gesichter und Details einzeichnen.

TIPP

Für den **Kartoffeldruck** halbierst du eine Kartoffel und schneidest aus der glatten Fläche der einen Hälfte ein Rechteck. Rühre braune Farbe an und bestreiche das Kartoffel-Rechteck damit. Presse dieses dann immer wieder auf die Mauern und Türme der Burg. So entsteht auf der Ritterburg ein Backsteinmuster. Wenn nicht mehr genug Farbe auf dem Kartoffel-Rechteck ist, bestreiche es wieder mit Wasserfarbe.

Schleimige Schnecken

DU BRAUCHST

- Tonkarton in Hellgrün, DIN A2
- Papierreste in Grau- und Beigetönen
- bunte Stoffreste mit kleinen Mustern und Blümchen
- evtl. kleine Knöpfe
- Filzstift in Schwarz

SO GEHT'S

Aus den grauen und beigen Papierresten längliche **Schnecken-körper** ausschneiden und aufkleben. Dabei das hintere Ende spitz zulaufend und die Unterseite in Wellenlinien ausschneiden.

Für das **Schneckenhaus** je einen Stoffkreis ausschneiden und auf den Rücken der Schnecke kleben. Aus dem gleichen Stoff zwei Kreise als Augen ausschneiden und aufkleben.

Mit schwarzem Filzstift ein Spiralmuster auf das Schneckenhaus zeichnen. Die Stoffkreise für die **Augen** mit Filzstift umranden und einen Punkt für die Pupille setzen. Die Augen mit Filzstift mit dem Kopf der Schnecke verbinden und einen kleinen Mund malen.

Geschwungene Schleimspuren zeigen den Weg der Schnecken.

Zum Schluss aus Stoff kleine **Blumen** ausschneiden und zwischen die bunten Schnecken kleben.

TIPP

Als Augen kannst du an Stelle von Stoffkreisen auch Knöpfe verwenden.

Chemie-Labor

DU BRAUCHST

- Tonkarton in Hellblau
- Tonpapier in Schwarz
- 3 Zeichenblätter in Weiß
- Wasserfarben und Pinsel
- leere Joghurtbecher
- Strohhalme
- Papierreste in Neonfarben
- Rest Aluminiumfolie, z. B. gereinigte Deckel von Joghurt oder Frischkäse
- Locher
- Lineal
- Filzstifte

SO GEHT'S

Aus schwarzem Tonpapier einen langen, 3,5 cm breiten Streifen schneiden und als **Regalbrett** an den unteren Bildrand kleben. Ein weiteres, 2,5 cm breites Regalbrett in der Bildmitte platzieren.

Aus weißem Zeichenpapier bauchige **Flaschen** und andere **Gefäße** ausschneiden. Einen Bunsenbrenner aus Alufolie gestalten. Alle Teile ausschneiden und auf das Regal kleben.

Für die chemischen **Flüssigkeiten** buntgemusterte Pustefarben-Papiere herstellen, passend ausschneiden und in deine Labor-Gläser kleben.

Das Feuer des **Bunsenbrenners** aus rot-gelbem Pustefarben-Papier ausschneiden und aufkleben.

TIPP

Für das **Pustefarben-Papier** rührst du in leeren Joghurtbechern zwei verschiedene Farben mit etwas Wasser an. Gieße von beiden Farben dicke Kleckse nebeneinander auf ein weißes Zeichenblatt. Puste dann mit einem Strohhalm kräftig in die Mitte eines jeden Farbkleckses. Die Farben mischen sich, und kleine Rinnsale verlaufen in alle Richtungen.

Mit einem Locher Punkte ausstanzen und als **Blubberblasen** über die verschiedenen Flüssigkeiten kleben.

Halterungen und Flaschen-
ständer aus schwarzem
Tonpapier ausschneiden
und aufkleben.

Mit Filzstift eine **Messskala**
auf die Messbecher zeichnen
und die Schläuche und
Röhren malen.

Zum Schluss ein
Warnschild für das Chemie-
Labor und Etiketten mit Toten-
köpfen für die Giftflaschen
gestalten.

TIPP

Wenn du das Zeichenpapier
zweimal faltest und dann Flaschen
und Reagenzgläser ausschneidest,
erhältst du immer vier gleiche
Objekte auf einmal.

Wäscheleinen

DU BRAUCHST

- Tonkarton in Türkis
- bunte Papierreste
- Bastelpapiere in Schwarz, Weiß, Braun, Hellblau und Grau
- Modezeitschriften oder Werbeprospekte mit Textilien
- Filzstift in Schwarz

SO GEHT'S

Aus bunten Papieren zwei **Hochhäuser** mit Balkonen ausschneiden und rechts und links auf den Tonkarton kleben. Kleinere Häuser mit spitzen oder flachen Dächern dazwischen aufkleben.

Für die **Fenster** weißes oder hellblaues Papier zu Rechtecken schneiden. Diese auf schwarzes oder braunes Papier kleben und 0,5 cm größer ausschneiden. Die Fensterkreuze mit einem Filzstift einzeichnen und die Fenster ankleben.

Die **Balkone** mit Geländern und Blumen aus den bunten Papierresten verzieren. In die Fenster Vorhänge oder Blumentöpfe kleben.

Mit Filzstift **Antennen** oder Wäscheständer auf die Dächer der Hochhäuser zeichnen. Geschwungene Wäscheleinen von Balkon zu Balkon ziehen.

Aus Werbeprospekten **Kleider**-Formen ausschneiden und unterhalb der Wäscheleine aufkleben. Als Klammern mit Filzstift kleine Striche malen.

Ein Flugzeug aus weißem Papier kreist am Himmel über den Hochhäusern.

TIPP

Du kannst dein Bild auch als Memo-Board benutzen: Steche dazu rechts und links oben ein kleines Loch in das Bild und befestige darin jeweils eine Musterklammer. Daran knotest du einen Faden als Wäscheleine fest. Mit Mini-Wäscheklammern kannst du nun kleine Merkzettel an die Wäscheleine hängen.

In der Steinzeit

DU BRAUCHST

- Recycling-Pappe, DIN A3
- Tonpapiere in Dunkelbraun und Hautfarbe, DIN A4
- Schleifpapier in Schwarz
- Schleifpapiere in Dunkelrot, grob, mittel und fein
- Papierreste in Braun, Rot, Gelb, Grün und Weiß
- einige Stücke Bast
- Filzstifte in Schwarz, Braun und Rot
- Lackstift in Weiß

Aus braunem Tonpapier verschieden große **Mammuts** mit vier kräftigen Beinen und einem langen Rüssel ausschneiden.

Die Mammuts auf der Pappe anordnen – die kleinen im Hintergrund, die großen weiter vorne – und festkleben.

Mit einem schwarzen Filzstift jedem Mammut in einem Kritzel-Kratzel-Muster ein zotteliges Fell malen. Vergiss nicht den Schwanz am Hinterteil!

Für jedes Mammut Stoßzähne und Augen aus weißem Papier ausschneiden und aufkleben. Das große Ohr mit einem weißen Lackstift zeichnen.

Schwarzes Schleifpapier in unregelmäßige Streifen reißen und als hügelige **Landschaft** auf die Pappe kleben.

Vorlage Steinzeit
Seite
74

Dunkelrotes Schleifpapier zu runden und ovalen Steinen schneiden und als **Feuerstelle** in die Mitte des Bildes kleben. Für das Feuer rote und gelbe Papierstreifen aufkleben.

Aus hautfarbenem Papier kleine **Steinzeitmenschen** ausschneiden und rund um die Feuerstelle und zwischen die Mammuts kleben.

Fellkleidung, Bärte und zerzauste Haare mit schwarzem oder braunem Filzstift im Kritzel-Kratzel-Muster oder mit kleinen Punkten aufzeichnen.

Gräser aus Baststreifen aufkleben. Aus weißem Papier ein paar kleine Knochen ausschneiden und aufkleben. Zum Schluss mit Filzstift Augen und Münder einzeichnen.

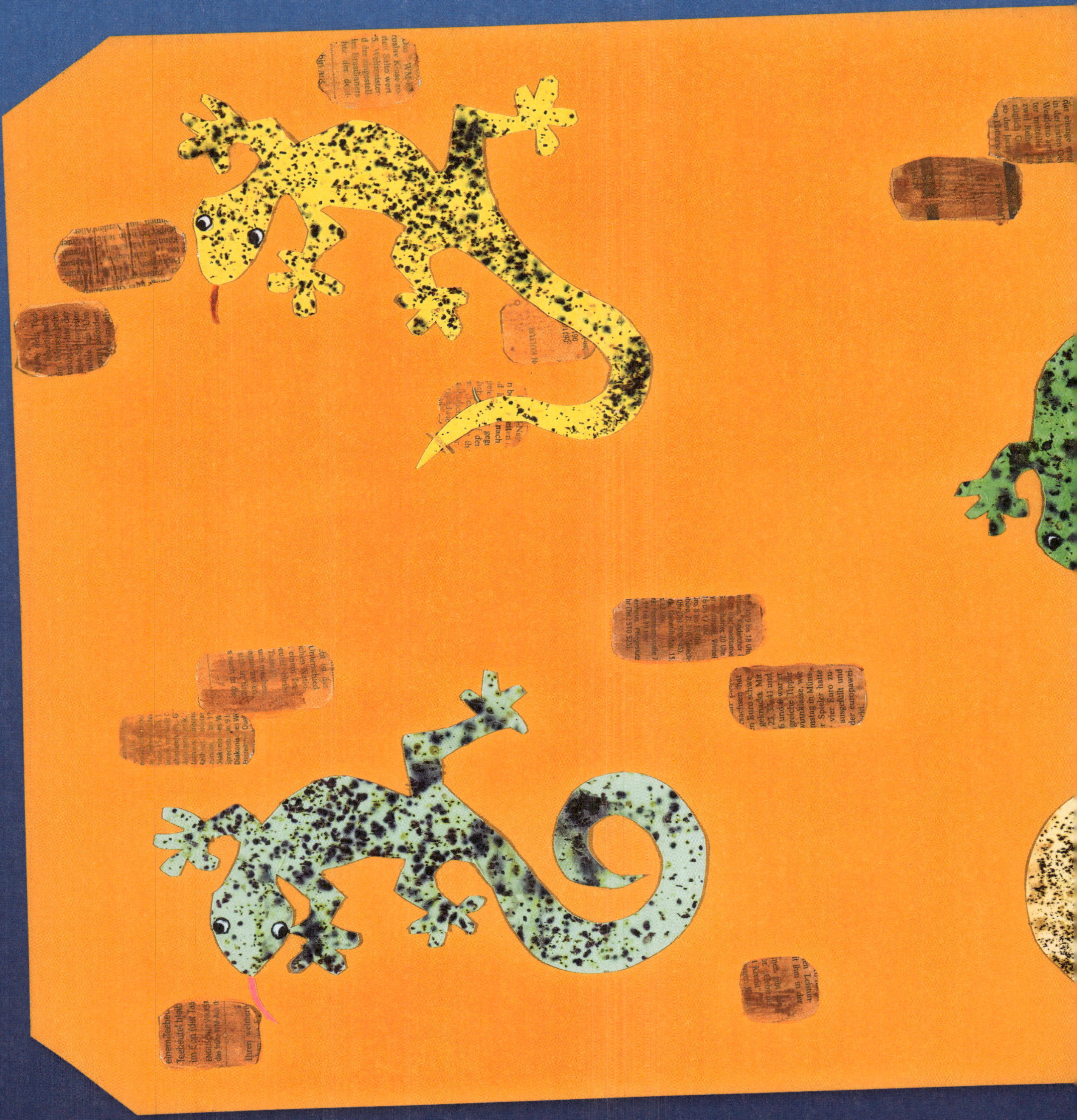

Lustige Geckos

Vorlage Geckos
Seite
79

Zeitungspapier mit rot-brauner Wasserfarbe bemalen, dabei die Schrift noch durchscheinen lassen. Nach dem Trocknen daraus rechteckige **Mauersteine** ausschneiden und auf den orangefarbenen Karton kleben.

Für die **Eidechsen** Tee-Musterpapier in verschiedenen Farben herstellen.

TIPP

Für das **Tee-Musterpapier** bestreichst du buntes Tonpapier mit Wasser und streust etwas Tee aus den Beuteln darauf. Die Teekrümel geben auf dem nassen Papier ihre Farbe ab und hinterlassen ein interessantes Muster. Die Krümel kannst du nach dem Trocknen abschütteln. Verschiedene Teesorten ergeben verschiedene Farben!

Aus dem Musterpapier Echsen mit langen oder geringelten Schwänzen ausschneiden und auf dem Mauerhintergrund festkleben.

Als Augen für die **Geckos** je zwei kleine Kreise aus weißem Papier ausschneiden und aufkleben. Mit schwarzem Filzstift umranden und Punkte für die Pupillen setzen.

Aus rotem Papier kleine gespaltene Zungen ausschneiden und aufkleben.

TIPP

Aus dem Tee-Musterpapier kannst du auch noch viele andere Motive schneiden: hübsche Blumen, exotische Fische, sonderbare Insekten und vieles mehr.

DU BRAUCHST

- feste Pappe in Orange
- Tonpapiere in Grün, Gelb, Weiß und Mint, je 20 x 20 cm
- Zeitungspapier
- Papierreste in Weiß, Rot und Pink
- je einen Teebeutel Hibiskustee, schwarzen Tee und Früchtetee
- Wasserfarben und Pinsel
- Filzstift in Schwarz

Schatzkarte

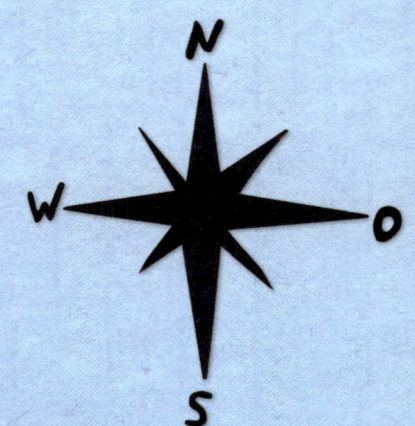

DU BRAUCHST

- graue Recyclingpappe, DIN A4
- braunes Backpapier
- Reiseprospekte
- Papierreste in Schwarz, Weiß und Rot
- Filzstift in Schwarz
- Buntstifte in Schwarz, Blau und Grün

SO GEHT'S

Die **Schatzkarte** aus der grauen Recyclingpappe herausreißen, sodass sie ausgefranst und zerzaust aussieht. Das Backpapier etwas kleiner als die Pappe ebenfalls ausreißen und auf die Pappe kleben.

Mit einem schwarzen Buntstift „**Rußflecken**" entlang der Kartenränder malen. Dadurch sieht es so aus, als ob die Schatzkarte angebrannt sei.

Rote und weiße Papierstreifen (5 x 0,5 cm) schneiden und abwechselnd wie einen Rahmen rund um die Karte kleben.

Aus Reiseprospekten Palmen, Schiffe, Häuser, Berge und andere Motive ausschneiden und auf die Schatzkarte kleben.

Mit Buntstiften blaues Meer und grüne Wiesen andeuten. Mit einem schwarzen Filzstift den **Weg zum Schatz** als gestrichelte Linie einzeichnen.

TIPP

Zum Geburtstag eines Freundes kannst du eine Schatzkarte verschenken. Verstecke ein Geschenk und gestalte eine Schatzkarte von der Umgebung. Dort, wo du dein Geschenk versteckt hast, zeichnest du ein X ein – und schon kann die Schatzsuche beginnen.

Zum Schluss eine **Windrose** in eine Ecke der Schatzkarte zeichnen, um die Himmelsrichtungen anzugeben.

46

47

Im Wald

Eine Mondsichel aus gelber Jute ausschneiden und über die Tannenbäume an den oberen Bildrand kleben. Einige gelbe Jutefäden kreuzweise als Sterne aufkleben.

DU BRAUCHST

* feste Recycling-Pappe
* Jute in Hell- und Dunkelbraun, Orange, Hell- und Dunkelgrün, Hell- und Dunkellila, Weiß und Gelb
* Filzreste in Rot, Orange, Schwarz und Weiß
* Filzstift in Schwarz

SO GEHT'S

Für jede **Tanne** ein spitzes Dreieck aus dunkelgrüner Jute zuschneiden und auf der Pappe festkleben. Für den Stamm ein Rechteck aus brauner Jute ausschneiden und aufkleben.

Für die zwei **Eulen** je ein Rechteck aus Jute in Hell- bzw. Dunkellila ausschneiden. Die Ecken am oberen Rand abschneiden und abstehend als Ohren an die Eulenköpfe kleben. Die länglichen Flügel ausschneiden und an den Körper kleben.

Für die **Fliegenpilze** den Stiel aus weißer Jute und den Hut aus rotem Filz ausschneiden und aufkleben. Kleine Punkte aus weißem Filz ausschneiden und auf die roten Pilzhüte kleben.

Schnabel und Füße aus orangefarbenem Filz ausschneiden und aufkleben. Die Augen entstehen aus Kreisen aus schwarzem und weißem Filz.

Den **Ast** aus dunkelbrauner Jute ausschneiden und ins Bild kleben. Aus hellgrüner Jute einige längliche Blätter ausschneiden und an die Zweige kleben.

Für den **Fuchs** ein Rechteck aus orangefarbener Jute ausschneiden und die oberen Ecken abrunden. Kopf mit spitzer Schnauze, zwei kleine Dreiecke für die Ohren sowie einen dicken buschigen Schwanz ausschneiden und aufkleben.

Schmale, weiße Filzstreifen schneiden und ins Gesicht des Fuchses kleben. Für die Ohren zwei kleine weiße Dreiecke ausschneiden und aufkleben.

Fäden aus den dunkelbraunen Juteresten als Schnurrhaare aufkleben. Augen und Schnauze aus schwarzem Filz ausschneiden und aufkleben.

Den **Waschbär** genauso aus hellbrauner Jute gestalten. Für den Schwanz ein Oval aus weißem Filz mit schwarzen Streifen bekleben.

Vorlage Waldtiere
Seite
77

Für die Augenbinde ein Rechteck aus weißem Filz ausschneiden. Ein etwas kleineres Rechteck aus schwarzem Filz ausschneiden, zwei ovale Löcher für die Augen hineinschneiden und auf das weiße Rechteck kleben.

Für die beiden **Hasen** je einen dreieckigen Körper, einen runden Kopf und zwei lange Ohren aus hellbrauner Jute ausschneiden. Ein Schwänzchen aus weißem Filz und Schnurrhaare aus Jutefäden aufkleben. Mit einem schwarzen Filzstift die Augen aufmalen.

TIPP

Jute ist ein locker gewebter Stoff. Er franst sehr leicht aus. Klebe ihn deshalb gleich auf, nachdem du ihn zurechtgeschnitten hast. Dafür streichst du den Kleber direkt auf die Pappe und presst das ausgeschnittene Juteteil darauf.

Vögel im Baum

Vorlage Vögel
Seite
79

DU BRAUCHST

- feste Pappe in Schwarz
- Geschenkpapierreste
- Papierreste, bunt
- Wasserfarben und Pinsel
- Deckweiß
- Filzstift in Schwarz

TIPP

Statt eines gemalten Baumstammes mit Ästen kannst du auch echte Baumrinde und dünne Äste aufkleben. Halte beim nächsten Waldspaziergang die Augen offen!

SO GEHT'S

Mit brauner Wasserfarbe einen **Baumstamm** an den rechten Bildrand malen. Die beiden langen Ästen mit mehreren Zweigen reichen über die gesamte Bildfläche.

Für die kleinen **Blüten** an den Zweigen ein wenig Deckweiß auf eine alte Zeitung drücken. Einen Finger hineintauchen und für jede Blüte drei weiße Punkte auf das Bild tupfen.

Mit einem Pinsel Wasserfarbe in Pink anrühren. Einen Finger in die Farbe tauchen und in die Mitte jeder Blüte einen rosa Punkt tupfen. Lass alles gut trocknen!

Aus bunten Geschenkpapieren **Vögel** ausschneiden. Lass sie einmal nach links, einmal nach rechts schauen. Auf den Ästen und Zweigen platzieren und festkleben.

Aus farblich passenden Papierresten Flügel ausschneiden und an die Vögel kleben.

Zum Schluss die Vögel mit einigen bunten Federn schmücken und mit einem schwarzen Filzstift Augen malen.

Segel-Regatta

DU BRAUCHST

- Fotokarton in Hellblau
- Bastelpapiere in Dunkelblau und Türkis
- eine Schachtel mit Grundfläche DIN A4
- einige Murmeln
- Deckweiß
- bunte Papierreste
- Papierreste in Schwarz, Hellbraun, Weiß und Rot
- Papierreste von Rechen- und Schreibpapier
- einige Lochverstärker
- Filzstifte in Blau und Rot
- Löffel

SO GEHT'S

Für **Wellen** und **Wolken** mit Bastelpapier in Dunkelblau und Türkis Murmelmuster-Papier herstellen und gut trocknen lassen.

TIPP

Für das **Murmelmuster-Papier** legst du Bastelpapier in einen Karton. Gib ein wenig Deckweiß und ein paar Murmeln in ein kleines Gefäß. Nimm die Murmeln mit einem Löffel wieder heraus und lasse sie auf das Papier fallen. Bewege nun den Karton abwechselnd hoch und runter. Die Murmeln rollen hin und her und hinterlassen weiße Spuren auf dem Papier.

Das Murmelmuster-Papier mit einer gebogenen Nagel-schere in verschieden breite Wellen schneiden.

Die Streifen als Wellen auf dem Fotokarton anordnen, die breiten Streifen vorn, die schmalen im Hintergrund.

Nun die Wellen mit wenig Kleber auf den unteren Rändern festkleben. So kann man später die Schiffe etwas unter die Wellenlinien schieben.

Auch **Schäfchen-wolken** aus dem Musterpapier aus-schneiden und am Himmel aufkleben.

Die Schiffe und Segel mit Streifen, Zahlen oder anderen Mustern und kleinen Fähnchen verzieren.

Für die **Schiffe** jeweils einen bunten Schiffsrumpf, einen langen, dünnen Mast und zwei Dreiecke als Segel aus den Papierresten ausschneiden und teilweise unter einen Wellenstreifen kleben.

Die **Insel** aus hellbraunem Papier ausschneiden, unter den hinteren Wellen-streifen schieben und festkleben.

Für den **Leuchtturm** einen weißen Streifen (12 x 3,5 cm) zuschneiden und aufkleben. Darauf sechs rote Streifen (1 x 3,5 cm) im Abstand von 1 cm festkleben. Eine schwarze Plattform und ein dunkelblaues Dach aus Papierresten gestalten.

Zum Schluss kleine Fenster und ein Geländer mit blauem Filzstift malen.

TIPP
So kannst du auch eine Postkarte mit Urlaubsgrüßen für deine Freunde gestalten!

Hühnerhof

Vorlage Hühnerhof Seite 76

DU BRAUCHST

- Tonkarton in Weiß
- Geschenkpapiere mit Streifen, Punkten und Karos, DIN A5
- Buntpapierreste in Rot, Gelb, Weiß und Schwarz
- Wasserfarben
- breiter Pinsel
- Filzstift in Schwarz
- Fotokopierer
- einige getrocknete Grashalme

TIPP

Aus einzelnen Hühnern kannst du auch schöne **Eierbecher** für den Frühstückstisch gestalten: Schneide aus einem Eierkarton eine Ecke heraus, sodass gerade ein Ei hineinpasst. Klebe wie unten beschrieben ein Huhn und schneide es entlang der Außenlinien aus. Dann klebst du das Huhn an dem Eierkartonabschnitt fest.

SO GEHT'S

Zuerst den **Himmel** mit wässriger blauer Farbe und einem breiten Pinsel malen. Mit hellgrüner Farbe eine Wiese malen. Nach dem Trocknen mit dunkelgrüner Farbe und leichten Pinselstrichen einige Grashalme andeuten.

Die bunten **Geschenkpapiere** von einem Erwachsenen schwarz-weiß fotokopieren lassen. Daraus die Körper, Flügel und Schwanzfedern von Hennen und Hahn ausschneiden. Auf dem Karton anordnen, aber noch nicht festkleben.

Aus rotem Papier Kämme und Kehllappen der Hühner ausschneiden und am Kopf festkleben. Der Kamm des Hahnes ist etwas größer als der Kamm der Hennen.

Schnäbel und **Beine** aus gelbem Papier ausschneiden und festkleben.

Für die **Augen** aus weißem Papier kleine Kreise ausschneiden. Nach dem Aufkleben mit schwarzem Filzstift umranden und die Pupillen hineinmalen.

Die Stange für die Hennen aus schwarzem Papier ausschneiden und die Hühner darauf platzieren.

Für das Nest der Henne mit den Küken ein paar getrocknete Grashalme aufkleben. Dann alle Hühner platzieren und festkleben.

Murmel-Muster-Monster

DU BRAUCHST

- Karton in Weiß
- Tonpapiere in verschiedenen Farben
- Buntpapiere in Schwarz, Weiß, Pink, Blau und Grün
- Wasserfarben und Pinsel
- 4 Murmeln
- leerer Joghurtbecher
- Löffel

SO GEHT'S

Murmel-Muster herstellen (wie auf S. 54 beschrieben). Dazu verschiedene Tonpapiere und mehrere Kontrastfarben benutzen. Papier gut trocknen lassen.

Aus den Musterpapieren unterschiedliche **Monsterkörper** schneiden: gezackt, kugelförmig, mit langem Schwanz usw. Die ausgeschnittenen Körper auf dem Tonkarton anordnen und festkleben.

Aus den Papierresten Arme, Beine oder Fühler ausschneiden und aufkleben.

Krallen, **Rückenzacken** oder andere Details aus kontrastfarbenem Buntpapier gestalten.

Für die **Augen** einen großen weißen Kreis und einen kleineren schwarzen als Pupille ausschneiden.

Aus schwarzem Papier verschieden geformte **Münder** gestalten: grässliche, freundlich lächelnde, Zähne knirschende oder böse aussehende.

Spitze **Zähne** aus weißem Papier lassen die Monster gefährlich aussehen.

Spiralförmige Fühler und andere Details mit Wasserfarben ergänzen.

Schmale Streifen aus schwarzem Papier schneiden und als Boden aufkleben.

Blumen-garten

DU BRAUCHST

-)) Tonkarton in Hellblau
-)) verschiedene buntgemusterte und einfarbige Stoffreste
-)) Stoffreste in Grüntönen
-)) Jute in Braun
-)) bunte Knöpfe
-)) kleine Glasperlen, Pailletten und Glitzerstäbchen
-)) Wasserfarben
-)) Filzstift in Schwarz

SO GEHT'S

Aus den bunten Stoffresten **Blüten** mit verschiedenen Formen ausschneiden. Die Blüten auf dem Bild anordnen, festkleben und Stängel mit hell- und dunkelgrüner Wasserfarbe malen.

Aus grünen Stoffresten verschiedene Blattformen ausschneiden und an die Blumen kleben.

Blattadern mit grüner Wasserfarbe malen und die Blüten mit Perlen und Pailletten ausschmücken.

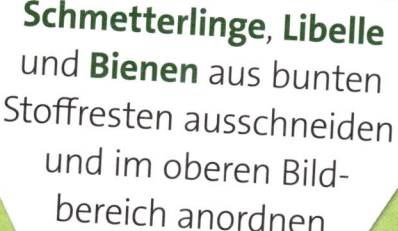

Schmetterlinge, **Libelle** und **Bienen** aus bunten Stoffresten ausschneiden und im oberen Bild-bereich anordnen.

Vorlage Blumengarten
Seite
74

Knöpfe auf die Flügel und Fühler der Schmetter-linge kleben und Augen und Beinchen der Insekten mit Filzstift ergänzen.

Für den **Gartenzaun** 12 Rechtecke (9 x 2 cm) aus Jute schneiden und jeweils eine Seite spitz zuschneiden. Alle Zaunlatten mit etwas Abstand dazwischen an den unteren Bildrand kleben.

Einen Stoffstreifen (30 x 1 cm) aus Jute schneiden und quer über die Latten kleben. Dann auf jede Zaunlatte einen Knopf kleben.

Auf dem Monster-Planeten

Vorlage Monster
Seite
74

DU BRAUCHST

- Tonkarton in Hellgrün
- Bastelfilz in Gelb
- größere Stoffreste in Pink und Grün
- bunte Stoffreste
- Stoffrest mit Blumenmuster
- Filzreste in Grün, Schwarz und Weiß
- Wollfaden in Grün
- 35 bunte Pailletten
- Papierrest in Weiß
- Filzstift in Schwarz

Gelben Filz am unteren Rand des Kartons anlegen, oben zum Bogen schneiden und festkleben.

Aus pinkfarbenem Stoff einen ovalen **Monsterkörper** sowie Arme und Beine ausschneiden und aufkleben.

Trichterförmige **Ohren** und gezackte **Krallen** aus grünem Filz ausschneiden und aufkleben.

Großes, rundes Auge aus weißem Filz, Pupille und Mund aus schwarzem Filz gestalten und bunte Pailletten auf den Bauch des Monsters kleben.

Aus grünem Stoff einen Monsterkörper mit spitzem Schwanz und geöffnetem Maul sowie **Arme**, **Beine** und zwei **Stielaugen** ausschneiden und aufkleben.

Aus bunten Stoffen kleine Kreise für den Rücken und ein größeres Oval für den Bauch ausschneiden, kleine Stoffstreifen für die Bauchpartie. Alle Teile festkleben.

15 spitze Dreiecke ausschneiden und auf den Rücken des Monsters kleben.

Aus weißem Filz zwei **Augen**, die spitzen **Zähne** und **Krallen** und aus schwarzem Filz die Pupillen ausschneiden und aufkleben.

Aus Blumenmusterstoff einzelne **Blumen** ausschneiden und auf dem gelben Filzplaneten arrangieren. Als Stängel einen grünen Wollfaden ankleben.

Einen kleinen Papierkreis in die Mitte jeder Blüte kleben und mit Filzstift ein Gesicht mit zwei spitzen Zähnchen malen.

Fledermäuse aus schwarzem Filz ausschneiden, als Kopf einen Papierkreis aufkleben und ein Gesicht mit zwei spitzen Ohren daraufzeichnen.

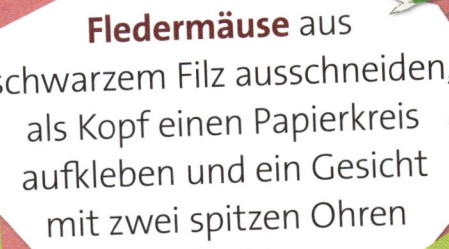

Eulen bei Nacht

DU BRAUCHST

- Tonkarton in Dunkelblau
- 2 Bögen Bastelfilz in Schwarz
- grün-gemusterte Stoffreste
- kleingemusterte bunte Stoffe
- Stoffrest in Gelb
- bunte Filzreste
- 2 Knöpfe pro Eule
- 2 schwarze Klebepunkte pro Eule
- Filzstift in Schwarz
- Textilkleber

SO GEHT'S

Baumstämme, lange Äste und kleine Zweige aus schwarzem Filz ausschneiden und auf den dunkelblauen Karton kleben.

Eulenkörper aus buntgemustertem Stoff ausschneiden und etwas oberhalb eines Astes ankleben.

Zwei Flügel aus farblich passendem Stoff ausschneiden und rechts und links an den Eulenkörper kleben.

Zwei kleine Knöpfe als **Augen** ankleben, darauf schwarze Klebepunkte als Pupillen.

Ein kleines, spitzes Dreieck als **Schnabel** und zwei **Füßchen** aus Filz ausschneiden und festkleben.

Aus gelbem Stoff mit einer feinen Nagelschere winzige **Sterne** ausschneiden und auf dem Hintergrund platzieren.

Vorlage Eulen
Seite
79

64

Aus den grün-gemusterten Stoffresten mehrere Blätter ausschneiden und an die Enden der Zweige kleben.

Blattadern mit Filzstift auf die Blätter malen.

Gruselig schön

DU BRAUCHST

▲ Papierlampion in Weiß
▲ 2 Bögen Tonpapier in Schwarz
▲ buntes Transparentpapier
▲ Permanent-Marker in Schwarz

SO GEHT'S

Mehrere gruselige Motive aus schwarzem Tonpapier ausschneiden. Mit einem **Hexenhaus** mit schiefem Dach und Schornstein beginnen.

Die **Fenster** und **Türen** etwas krumm und schief ausschneiden und gelbes Transparentpapier auf der Rückseite des Hexenhauses hinter die Tür- und Fensteröffnungen kleben.

Fledermäuse und eine **Katze** mit dünnen Beinen und langem Schwanz ausschneiden. Mit einer feinen Nagelschere die Augen der Tiere ausschneiden und ebenfalls mit buntem Transparentpapier hinterkleben.

TIPP

Wenn du beim Ausschneiden zwei Tonpapiere übereinander legst, erhältst du mit einem Mal zwei gleiche Motive.

TIPP

Hexen, Raben, ein Vollmond und knorrige Bäume sind ebenfalls Motive, die sich als gruselige Lampendekoration eignen.

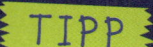

66

Collagen zu kreieren, heißt nicht unbedingt, dass es sich dabei um ein flaches Bild handeln muss. Auch dreidimensionale Objekte und Dekorationen kann man als Collage gestalten.

Eine **Vogelscheuche** mit zerfranstem Kleid und spitzem Hut gestalten. Sie bekommt große Augen und einen grässlichen Mund. Die ausgeschnittenen Teile auf der Rückseite mit orangefarbenem Transparentpapier hinterkleben.

Für die **Tannenbäume** Dreiecke ausschneiden, dabei in der Mitte jeder Tanne ein kleines Dreieck herausschneiden und mit grünem Transparentpapier hinterkleben.

Zum Schluss mit einem schwarzen Permanent-Marker Fensterkreuze, Türgriffe und Pupillen der Tiere zeichnen und alle Teile auf dem Lampion festkleben.

TIPP
Die gruseligen Motive mit buntem Transparentpapier eignen sich zu Halloween auch als Dekoration für dein Fenster. Klebe sie mit durchsichtigem Klebeband an der Glasscheibe fest.

Vorlage Gruselig Seite 77

Utensilo

- festen Karton in Schwarz, 25 x 25 cm
- 6 leere, gereinigte Verpackungen,
  z. B. Milch- oder Saftpackungen,
  Chipsröhren oder Toilettenpapierrollen
- 2 Bögen Tonpapier in Schwarz
- Wellpappe in Schwarz
- Papierreste in Gelb, Orange und Weiß
- Büroklammern
- einige Gummiringe

SO GEHT'S

Das schwarze Tonpapier rund um die Chipsröhren legen und passend so zuschneiden, dass sich die Ränder etwas überlappen.

Das Tonpapier um die Röhren kleben und jeweils mit einem Gummiring fixieren, bis der Kleber getrocknet ist.

Die eckigen **Verpackungen** (z. B. Saftpackungen) auf die gewünschte Höhe kürzen. Schwarzes Tonpapier darumlegen und etwas überlappend zuschneiden.

Das Tonpapier entsprechend der vier Kanten der Verpackung knicken und um die Verpackung festkleben. Dabei die Enden mit Büroklammern befestigen, bis der Kleber getrocknet ist.

1 cm breite Streifen von der Wellpappe zuschneiden und am oberen Rand jeder Packung als Abschluss festkleben.

Aus gelben und orangefarbenen Papierresten kleine Rechtecke und Quadrate ausschneiden und als beleuchtete Fenster an die **Hochhäuser** und Türme kleben.

Die fertig beklebten Teile auf dem schwarzen Karton anordnen, am besten die hohe Türme und Gebäude hinten, die niedrigeren vorne. Dann alle Teile festkleben.

TIPP

Ein Schreibtisch-
Utensilienhalter eig-
net sich auch prima als
Geburtstagsgeschenk
für deinen Vater!

Festliche Papiergirlande

Vorlage Girlande
Seite
76

DU BRAUCHST

- 💚 6 kleingemusterte Geschenkpapiere in Grüntönen, 10 x 25 cm
- 💚 Papier in Weiß
- 💚 bunte Papierreste
- 💚 Motivstanzer (Stern, Herz oder andere Motive)
- 💚 Geschenkband in Grün, 2 Meter lang
- 💚 Filzstift in Schwarz
- 💚 Lackstift in Weiß
- 💚 Bastelschere
- 💚 Klebestift

SO GEHT'S

Die bunten Geschenk-papierstreifen in der Mitte falten und daraus gleich-große spitze Dreiecke schneiden.

Jedes Dreieck aufklappen und die Innenseite mit einem Klebe-stift bestreichen. Geschenkband entlang der Faltlinie auflegen, das Dreieck wieder zusammenklappen und festdrücken.

Mit allen Fähnchen so vorgehen, dabei zwischen den Fähnchen etwas Abstand lassen, bis alle Fähnchen nebeneinander an einem Band befestigt sind.

Nun kannst du die Vorderseiten der einzelnen Fähnchen gestalten (von rechts nach links):

FISCHE

Aus weißem Papier zwei Streifen (12 x 0,5 cm) zuschneiden und rechts und links an den Rand bis zur Spitze des Fähnchens aufkleben.

Mit schwarzem Filzstift in regelmäßigem Abstand kleine Striche auf die weißen Papierstreifen zeichnen.

Drei hellblaue Papierreste übereinanderlegen und daraus eine einfache Fischform mit einer breiten Schwanzflosse ausschneiden. So erhältst du drei gleiche Fische. Die Fische etwas versetzt auf die obere Hälfte des Fähnchens kleben.

Mit schwarzem Filzstift Augen und Mund und ein Pünktchenmuster auf Rücken und Schwanzflosse zeichnen.

Aus einem roten Papierrest eine Wasserpflanze mit langen, schmalen Blättern ausschneiden und unterhalb der Fische festkleben.

HERZEN

Zwei hellgrüne Streifen (12 x 0,5 cm) als Randverzierung und ein pinkfarbenes Herz für die Mitte ausschneiden und aufkleben.

Aus grünem Papier ein etwas kleineres Herz ausschneiden und auf das pinkfarbene kleben.

Vier winzige Herzchen ausschneiden und um das große Herz verteilt aufkleben.

Mit schwarzen Filzstift ein Pünktchenmuster rund um die Herzformen malen.

TIPP

Verschenke eine Papiergirlande zum Geburtstag. Statt einer Schleife schlingst du die Girlande locker um das Geburtstagsgeschenk.

SEGELSCHIFF

Aus dunkelgrünem Papier zwei Streifen (12 x 0,5 cm) als Randverzierung ausschneiden und aufkleben.

Für das kleine Segelboot aus schwarzem Papier einen Schiffsrumpf ausschneiden und in die Mitte des Fähnchens kleben.

Für die Segel zwei Dreiecke und für den Mast einen Streifen aus weißem Papier ausschneiden und aufkleben. Ein winziges Dreieck aus rotem Papier ausschneiden und als Wimpel an die Mastspitze kleben.

Mit schwarzem Filzstift eine gestrichelte Linien entlang des Segelrandes und etwas breitere Streifen auf den Schiffsmast zeichnen.

Das Segel mit einer Buchstaben-Zahlen-Kombination beschriften – vielleicht deine Anfangsbuchstaben und dein Geburtstag?

KATZE

Aus grünem Papier zwei Streifen (12 x 0,5 cm) ausschneiden, mit schwarzen Punkten verzieren und auf das Fähnchen kleben.

Aus schwarzem Papier eine kleine schwarze Katze mit langem Schwanz und erhobenem Pfötchen ausschneiden und in die Mitte kleben.

Aus pinkfarbenem Papier eine winzige Schleife ausschneiden und an den Hals des Kätzchens kleben.

Mit einem weißen Lackstift Augen und Schnurrhaare für das Kätzchen zeichnen.

HAUS

Aus dunkelgrünem Papier zwei Randstreifen (12 x 0,5 cm) ausschneiden und aufkleben.

Für das Haus aus weißem Papier ein Quadrat und aus rotem Papier ein Dreieck ausschneiden und aufkleben.

Darauf mit schwarzem Filzstift Fenster, Tür und Schornstein malen. Den Weg, der zum Haus führt, mit zwei gestrichelten Linien andeuten.

STERNCHEN

Für die Randverzierung zwei Streifen (12 x 0,5 cm) aus gelbem Papier ausschneiden und aufkleben. Ein schwarzes Streifenmuster daraufzeichnen.

Drei große und drei kleine Sterne ausschneiden und auf dem Fähnchen verteilen. Die Umrisse mit schwarzem Filzstift nachziehen.

TIPP

Wenn du einen Stanzer mit Sternmotiv besitzt, kannst du die Sterne auch ausstanzen.

Vorlagen

Auf dem
Monster-Planeten
Seite 62

In der Steinzeit
Seite 42

Blumengarten
Seite 60

74

Faltlinie

**Festliche
Papiergirlande**
Seite 70

Feentanz
Seite 24

Hühnerhof
Seite 56

Gruselig
schön
Seite 66

Im Wald
Seite 48

77

Hundetreffen
Seite 32

Ausflug ins
Weltall
Seite 28

78

Vögel im Baum
Seite 52

Feuerspeiender Drache
Seite 34

Eulen bei Nacht
Seite 64

Lustige Geckos
Seite 44

79

Tipps und Tricks

Nicht alles neu kaufen!

Oft enthalten Verpackungen auch unbedruckte Pappe. Sammle solche Pappblätter. Du kannst sie sehr gut als Bilduntergrund benutzen! Frage im Supermarkt nach bunten Verpackungskartons, aus denen du schöne Motive für deine Collagen ausschneiden kannst. Collagen mit Stoff sind sehr schön. Frage deine Eltern nach alter Kleidung, die in die Altkleidersammlung sollte. Schneide auch die Knöpfe ab; sie sehen toll auf Collagen aus!

Vier auf einen Streich

Wenn du mehrere gleiche Dinge aus Papier ausschneiden willst, falte das Papier zweimal und schneide dann dein Motive aus. So erhältst du vier identische Dinge auf einmal.

Vorsicht beim Schneiden!

Collagen machen Spaß. Aber beim Schneiden muss man aufpassen. Schneide mit dem Cutter immer von der Hand weg, die das Papier festhält! Lass dir am besten von einem Erwachsenen helfen. Auch mit einer spitzen Schere musst du vorsichtig umgehen!

Erst hinlegen, dann festkleben!

Bevor du deine Collageteile festklebst, solltest du sie erst auf dem Hintergrund anordnen. Du kannst sie so lange verschieben, bis dir die Anordnung gefällt. Erst dann klebst du alles fest.

Nicht klecksen beim Kleben!

Viele Kleber kann man nicht mehr aus Kleidung herauswaschen. Gehe also entweder sehr vorsichtig besonders mit flüssigem Kleber um oder trage beim Kleben alte Kleidung, die du beklecksen kannst.